Ho'oponopono

30 fórmulas de sabiduría
para **sanar los conflictos**

Ho'oponopono

30 fórmulas de sabiduría
para **sanar los conflictos**

Nathalie Bodin

Grupo Editorial Tomo, S. A. de C. V.
Nicolás San Juan 1043
03100, Ciudad de México.

1.ª edición, marzo 2018.

Nicolás San Juan 1043, Col. Del Valle
03100, Ciudad de México.
Tels. 5575-6615, 5575-8701 y 5575-0186
Fax. 5575-6695
www.grupotomo.com.mx
ISBN-13: 978-607-415-838-0
Miembro de la Cámara Nacional
de la Industria Editorial N.° 2961

Traducción: Ivonne Saíd Marínez
Diseño de portada e imágenes: Karla Silva
Formación tipográfica: Marco A. Garibay
Supervisor de producción: Leonardo Figueroa

Impreso en México - *Printed in Mexico*

ÍNDICE

Las 30 fórmulas

INTRODUCCIÓN

Desde que descubrí Ho'oponopono, mi vida tomó un impulso nuevo. Este método me fue revelado como una luz que transformó mi vida en el transcurso de unos meses. Luego, los meses se convirtieron en años, durante los cuales aprendí a mirarme de otra manera, sin juzgarme, tal como lo enseña Ho'oponopono.

Poco a poco, también entendí que el ego había ocupado todo el espacio en este estilo de vida moderna, y que gracias a las cuatro palabras de sabiduría: «lo siento, perdóname, gracias, te amo», podía volver a tomar las riendas de mi vida y salir de la fatalidad en la que me había mantenido hasta entonces.

Ho'oponopono me llevó a Hawái, el sitio mismo donde nació esta tradición.

Este archipiélago también es el lugar propicio para un fenómeno meteorológico muy conocido: el arcoíris mágico. Del encuentro del sol con la lluvia tropical nace un degradado de colores magnífico. Los arcoíris, como puentes que unen al mundo de lo invisible con nuestra realidad, indican el camino que conecta el corazón de la humanidad con el del universo.

En las islas paradisíacas de Hawái se conservan tradiciones milenarias, entre las que se encuentra Ho'oponopono, que han traspasado las barreras del tiempo para llegar hasta nosotros. Ho'oponopono significa «corregir», «restituir». Esa palabra se presentó en mi vida para ayudarme a alinearme con el Universo. Me ha permitido encontrar el camino que conduce a lo más profundo de mi ser, a mi alma.

Ho'oponopono se convirtió en el arcoíris **que me conecta con el universo**

Todos los días limpio con Ho'oponopono las creencias negativas que habían paralizado mi existencia para permitir que se cumplan mis sueños. Descubrí la omnipotencia que reside en cada uno de nosotros, pisando la arena de las playas de Maui, al tiempo que me fundía en ella y observaba el mar turquesa. Si pude llegar hasta ese paraíso terrestre cuando nada, ni en mi infancia ni en mi vida de adulto joven, lo había predestinado, es porque todo resulta absolutamente posible.

Sí, todos podemos cumplir nuestros sueños, y los más locos y los más irreales suelen ser los que más nos hacen crecer. Para ello, basta con liberarnos de las pesadas cadenas del ego.

Practicar Ho'oponopono nos libera del miedo y del sufrimiento, **pues ellos provienen únicamente del ego**

Y este desaparece gracias a una depuración profunda de las creencias «limitantes», las cuales construyen barreras y no te dejan salir de sus límites. Estas creencias abarcan todos los ámbitos de la vida. Cuando practicas Ho'oponopono, derribas esos obstáculos y te libras del yugo del ego.

Al descubrir ese sitio magnífico que es Hawái, pude abrirme a otros aspectos de Ho'oponopono y la necesidad de conocer esta práctica ancestral me llevó a comprender que podía compartir contigo lo que comencé a practicar en mis cursos y en la vida diaria.

En las siguientes páginas describo la práctica original que inspiró este libro y te explicó cómo adapté ese método a la vida cotidiana occidental.

Este conocimiento tradicional puede utilizarse en los aspectos conflictivos de la vida, pues verbalizar el problema ayuda a distanciarse de las emociones negativas que surgen, y a reconocer el juego del ego.

Los puristas de Ho'oponopono saben que en un principio la formulación era parte integral de la sanación. Todos los involucrados lograban la reconciliación comunicándose, intercambiando impresiones y siendo comprensivos.

Las 30 fórmulas de sabiduría que comparto aquí permiten conservar una autonomía total en la práctica de

Ho'oponopono. No es necesario que intervenga otra persona para recitar estas fórmulas; ellas te pertenecen y tú eres el único que decide si las dice... o no.

Considera este libro como un apoyo para tu bienestar, una manera de sanar las emociones negativas, ya que aliviar la pena y el dolor que hay en nuestro corazón nos brinda la posibilidad de aceptar la alegría y nuestros sueños.

Al sanar los conflictos, dejamos espacio **para nuestros verdaderos anhelos**

HO'OPONOPONO

Una tradición ancestral para sanar los conflictos

LA PRÁCTICA TRADICIONAL DE HO'OPONOPONO

Bajo el sol de Hawái nació una práctica conocida como Ho'oponopono. La tradición deseaba que las familias encontraran la solución a los conflictos a través de un intercambio sincero y razonable, escuchando y respetando las opiniones de cada uno, con las disculpas y el perdón como instrumentos de sanación, pero sobre todo con el objetivo de recuperar la armonía en el seno de la familia.

Con sinceridad

A lo largo de esta reunión, el chamán guiaba a los participantes para que compartieran sus quejas con la mayor calma. Canalizaba las emociones negativas que pudieran surgir y pedía a cada uno que demostrara paciencia y que no juzgara. El rol que tenía el chamán podría atribuirse a cualquier persona que deseara brindar apoyo espiritual para solucionar un conflicto en la comunidad.

La responsabilidad de todos se anteponía desde el inicio del proceso solicitándoles que dijeran la verdad, cosa que asusta a los humanos del siglo XXI. Revelar a la gente cercana nuestro lado oscuro, aunque no sea tan oscuro, puede parecer algo infranqueable. La falta de objetividad suele ser el origen de esa perspectiva de autoculpa. La práctica ancestral de Ho'oponopono era un asunto de supervivencia, pues permitía exponer abiertamente los aspectos negativos de la personalidad, aquellos que hoy en día tratamos de ocultar por todos los medios y que hunden a las personas en enormes sufrimientos.

Desde el punto de vista sociológico, las labores que correspondían a los diferentes miembros de la tribu o familia para llevar algo de sustento —ya fuera la pesca, el cultivo de taro o la construcción de edificaciones—, exigían una solidaridad que no podía verse afectada por los problemas de las relaciones. Este es uno de los motivos por los que la mayoría de las culturas tribales cuentan dentro de su tradición con la noción de sanación en grupo. Para sobrevivir, y sobre todo para resolver conflictos, la unión hace la fuerza.

A un nivel más sutil, yo añadiría que los hombres y las mujeres están plenamente conscientes de su dependencia de la naturaleza, pero también del lazo que une a cada miembro de una familia, una tribu, una comuna... y ese lazo debe conservarse con fraternidad y amor.

La resolución de un conflicto tiene lugar cuando se está consciente de la interacción que existe con los demás. Cuando vemos el poder que tienen las emociones. El lazo se vuelve visible gracias a la cólera o a la tristeza que la actitud del Otro provoca en nosotros.

La familia

En el proceso de sanación con Ho'oponopono tradicional, había una etapa que permitía eliminar, uno por uno, los problemas que se acumularon para crear el conflicto. Esta discusión era esencial porque permitía destacar los lazos que unían a los diferentes protagonistas. Verbalizar las emociones, la percepción y las opiniones de cada uno dejaba que surgiera el verdadero fondo del problema. El conflicto se actualizaba e iba despareciendo gracias al intercambio de perdón y de disculpas.

En esta parte del proceso de Ho'oponopono tradicional me inspiré para crear las fórmulas de sabiduría. Utilizo cada tipo de conflicto como un medio para comprender y eliminar el miedo que despertó. Eso deja en evidencia el aspecto del ego que se activó con el fin de eliminarlo con una avalancha de amor.

Los hawaianos consideran que todo está conectado. Es una filosofía que encontramos en otras culturas y que está muy arraigada en las islas polinesias. El instigador y el ofendido están unidos por el conflicto y tienen la responsabilidad de resolverlo para reestablecer la armonía en la familia o la tribu.

La palabra hawaiana *Ohana* significa familia, la cual no está conformada únicamente por los padres y los hijos, también están los abuelos, los sobrinos, los primos, y abarca a todos los miembros de un grupo.

Hoy en día, con la tecnología que conecta a todos los individuos del planeta, es aún más fácil decir que los humanos formamos una *Ohana*, una gran familia. Los hawaianos suelen usar esa palabra cuando se dirigen a un grupo de personas. No importa si eres hawaiano o un turista que está de paso, formas parte de la familia, eres *Ohana*.

LA CAJA DE LOS LÁPICES DE COLORES

Durante un viaje a Hawái, tuve la oportunidad de escuchar esta bella metáfora sobre las diferentes nacionalidades de los habitantes de esta isla. Una niña de once años le explica a su papá: «Todos formamos parte del mismo mundo y todos nos necesitamos. El mundo es como una enorme caja de lápices de colores. Cada persona es un color diferente y usamos todos los colores para hacer un dibujo bonito».

Del perdón a la armonía

En Ho'oponopono tradicional, todos los participantes expresaban su opinión y se abrían para ver al otro gracias a que escuchaban con atención. En esta etapa de la discusión se permitían verbalizar el problema, una verbalización que era necesaria para comprender el origen del conflicto. Exigía que se expresaran con sinceridad y en calma. Cada uno debía prestar atención a lo que había sentido el otro y la manera en la que había interpretado ese conflicto. Eso permitía que se tuviera una visión general de la problemática. Cada individuo reacciona diferente ante un hecho; algunas personas se entristecen, otras se enojan, a pesar de que se enfrentan a la misma situación.

A esto le seguía una etapa fundamental, el momento de disculparse y perdonar. No se trataba de acusar al instigador ni que el ofendido adoptara el papel de víctima. Principalmente, era cuestión de reconocer que uno y otro habían actuado de manera incorrecta y cada uno se disculpaba por su comportamiento. Las acciones agresivas de uno y las respuestas bruscas del otro habían

brotado como reflejo de la ira interior de cada cual. El efecto espejo tenía lugar en esta etapa de la práctica de Ho'oponopono.

La discusión continuaba hasta que cada persona se comprometía sinceramente a tomar el camino del perdón, pues esa era la única manera de reestablecer el honor de la familia. En caso de desacuerdo, el chamán llamaba a la calma. Se consideraba una grave ofensa que uno de los miembros no aceptara las disculpas y el perdón, y el «cordón umbilical» podía romperse.

Esas reuniones duraban uno o varios días, el tiempo que cada uno tardara en reconocer que su reacción ante el hecho había provocado el conflicto. Siempre se lograba la solución escuchando, con la sinceridad de las intenciones y con el corazón abierto.

Una oración recitada por el chamán concluía el Ho'oponopono. El chamán tenía un papel importante, pues él agradecía que se hubieran iluminado los espíritus de cada individuo para resolver el problema y así consolidar los lazos que unían a la familia o grupo. La eliminación del problema a través del perdón y del amor era la clave para recuperar la armonía.

Después, los alimentos se tomaban con todo el grupo. Los miembros aceptaban su reciente enfrentamiento como una etapa de su vida en comunidad, y la existencia volvía a la normalidad gracias a que compartían la comida.

El Ho'oponopono evitaba la ruptura total entre los individuos. Cuando se ignora un conflicto, siempre resurge de una manera más importante. Se hace más grande porque se alimenta de las ideas oscuras que se acumulan. El viento se convierte en tempestad hasta que la tormenta estalla con truenos de desesperación y de dolor.

El Ho'oponopono tradicional calma todas las situaciones explosivas que haya en el aire.

Una historia de amor

La otra práctica que expandía al Ho'oponopono era, y sigue siendo, el espíritu de *Aloha*, una palabra que significa amor y gratitud y que se utiliza como saludo y despedida. Se usa mucho, tanto en la ciudad como en los poblados, e incluso hoy marca el tono en cuanto llegas a un lugar.

Aloha es una manera de hacer que las personas que se encuentran sientan emociones positivas. En la tradición hawaiana, el enfrentamiento no es necesario, sin importar cuáles sean los problemas. Una idea muy alejada de la sociedad occidental que resuelve los conflictos con castigos y recriminaciones.

En la mayoría de las tribus primitivas, la responsabilidad ante una enfermedad o un conflicto se extiende a todo el grupo. Cuando una persona presenta un comportamiento agresivo o una enfermedad, la tribu completa participa en una ceremonia de limpieza con los espíritus de los ancestros. Vivos y muertos contribuyen al bienestar de la comunidad y de sus semejantes.

La idea de encarcelar o de castigar a un individuo porque actuó influido por las emociones, parece errónea cuando uno se vuelve consciente de que sus actitudes son el reflejo de un malestar que radica en el grupo. Lo lógico es arreglar el problema, cuestionando las disfunciones que provocan el desarrollo de ese comportamiento. Las herramientas que permiten a los sanadores o a los chamanes recuperar la armonía tienen su origen en los principios de respeto y atención.

Nuestra sociedad prefiere repartir la culpa, debilitando el equilibrio precario de la humanidad, de ahí que algunos individuos no sean receptivos. De hecho, se trata de una falta de atención y de respeto de parte de la sociedad, y bastaría con que se diera cuenta de eso para que todo cambie.

La palabra *Aloha* va más allá del deseo de tener un buen día, es el amor que se entrega como regalo por el encuentro. Así, es más difícil criticar al vecino cuando le enviamos esta energía como la primera atención. Eso es el respeto. Uno envía amor, antes que nada, sin juicio y, sobre todo, sin expectativas.

Ho'oponopono es un método de «sanación social» que permite recuperar el espíritu de *Aloha* en el seno de un grupo afectado por los conflictos.

Ho'oponopono permite recuperar **la armonía y el amor**

TRADUCCIÓN DE LA PALABRA HO'OPONOPONO

Ho'o *significa provocar, causar.*

Pono *significa recto; correcto; en un orden perfecto.*

La repetición **ponopono** *significa aprobado y deseado por todos.*

Ho'oponopono *es tener el deseo de eliminar las emociones negativas y reestablecer la armonía...*
Es «corregir» lo que está mal en las relaciones con los demás.

HO'OPONOPONO TRADICIONAL

La familia, o la comunidad, deciden reunirse para resolver un conflicto.

Están acompañados por un chamán o por una persona designada como tal para esta reunión.

Le pide a cada uno que abra su corazón y hable con sinceridad. A continuación, te presento la descripción de cada etapa del Ho'oponopono tradicional hawaiano.

PULE

Oración inicial.

KÙKULU KUMUHANA

Anuncio de un problema.

HALA

Identificación del instigador del problema y del ofendido.

HIHIA

Lazo que une a los diferentes protagonistas.

MAHIKI

Desapego a través de la conversación.
Las capas del problema se eliminan una por una.

MANA'O

Expresión sincera de las opiniones.

HO'OMALU

Llamado a la calma solicitado por el chamán.

MIHI

Confesión, disculpas.

KALA

Respuesta a la *Mihi* otorgando el perdón.

PANI

Comida donde se comparten los alimentos para limar asperezas con la familia.

PULE HO'OPAU

Oración de agradecimiento para cerrar el Ho'oponopono y llevar a cada uno al amor y a la paz.

LA PRÁCTICA ACTUAL DE HO'OPONOPONO

El mundo en el que vivimos predica tanto la individualidad desde hace mucho tiempo, que sin duda nos cuesta trabajo considerar un protocolo colectivo para resolver los conflictos a los que nos enfrentamos con las personas que nos rodean. Por eso, hoy existe una versión autónoma de este método, y su éxito va acompañado de su eficacia.

Ho'oponopono hoy en día

El método se reduce a recitar cuatro palabras de sabiduría: **«lo siento**, **perdóname**, **gracias**, **te amo»**, cada vez que te enfrentes a un conflicto. Este mantra es un llamado a nuestro interior para llevar paz a nuestro corazón, nuestra mente y nuestra vida.

> Cuando dices **«lo siento»**, reconoces la emoción negativa que surge en ti.
> Cuando dices **«perdóname»**, te perdonas por haber tenido la creencia que provocó la emoción negativa.
> Cuando dices **«gracias»**, aceptas haber despertado esa creencia para eliminarla definitivamente de tu esquema de conducta.
> Cuando dices **«te amo»**, apelas al amor hacia ti mismo con el fin de liberar esa creencia que surgió en ti.

En efecto, el espíritu comunitario se convirtió en una idea al margen a medida que avanzaba la tecnología. Sin embargo, esta última nos llevó a encontrar ese ideal a través de una red mundial que se llama Internet.

La adolescencia es un periodo favorable para este reconocimiento de la tribu. Todos deseamos formar parte de una «gran familia», identificándonos con la música y las ideas que acarrea. La vestimenta no se trata únicamente de un asunto de moda, también es el deseo de pertenecer a un grupo de individuos que parecen combinar perfecto con sus opiniones, al menos en el fondo.

Además, los humanos se dejan llevar por la trampa del ego, caen en las curvas de las emociones, allá donde reina el miedo. La sensación de soledad se acentúa a merced de las experiencias, y cada una refuerza la idea de que, para merecer el amor de tus semejantes, tienes que actuar justo como a ellos les gustaría. Pero ¿estás seguro de saber qué espera la otra persona de ti? ¿Estás seguro de que esa es la mejor manera de recibir el amor que parece hacerte falta?

Las creencias «limitantes»

Desde que nacemos, nos adaptamos a un comportamiento creado por nuestro ambiente familiar, escolar y social. Cuando eras niño, aceptaste las cartas que te repartieron, esas que representan los preceptos que habrán de convertirse en tu protección en el mundo de los adultos. Entre ellos, se encuentran: «los ricos son ladrones»; «hay que trabajar arduo para ganar dinero»; «hay que sufrir por la belleza»; «no confíes en los desconocidos»; «la felicidad no es eterna»; «las personas honestas siempre son pobres mientras que los estafadores se vuelven ricos»; y esta es mi preferida: «el deporte no es bueno». Estas cartas se convierten en un modo de vida. Y todo saldría de maravilla en un mundo ideal si su aplicación no representara una limitación.

Efectivamente, cuando adoptas estas condiciones diferentes, ¿cómo es posible que te vuelvas rico si eres una persona honesta? ¿Cómo aceptas un trabajo que te gusta sin sentirte culpable? ¿Cómo dejas de sentir el dolor si él define tu belleza interior? ¿Por qué vas en busca de la felicidad si es efímera? ¿Cómo pierdes peso sin hacer una actividad física? ¿Cómo no tienes miedo a lo desconocido que forma parte de la vida?

Tantas creencias que se acumulan y paralizan tu existencia convirtiéndose en obstáculos invencibles

Yo las llamo creencias «limitantes» porque bloquean tu potencial a un nivel muy bajo. Estas creencias también esconden tus capacidades al grado de que te hacen creer que eres inadecuado.

Ellas son el combustible del ego, eso que manipula a la mente y al cuerpo. Entonces, te hacen creer que estás limitado por tu aspecto físico y por tus conocimientos intelectuales. Como no puedes estar presente físicamente en dos lugares al mismo tiempo, eso provoca en ti una montaña de frustraciones respaldadas por tu mente que te repite incansablemente que eres «incapaz» de estar a

la altura. O también, desde un punto de vista intelectual, aprendiste una habilidad y por eso el ego te recuerda que debes aferrarte a ella. Porque con ese empleo nuevo que está más relacionado con tus pasatiempos que con tus diplomas, te arriesgas a pasar por incompetente ante los ojos de los demás. Por qué te arriesgas a cambiar de profesión, te pregunta el ego.

Los juegos de rol del ego

El ego se identifica únicamente con lo que se encuentra en el exterior: las profesiones, la posición social, el rol dentro de la familia, el pasado y la enfermedad.

Es el ego quien te dice que si pierdes tu empleo, no vales nada. Es él quien te recuerda que, si eres madre, debes poner primero a tu familia que a tus propias necesidades, si no, te arriesgas a perder el amor de tus seres queridos. También es el ego el que te repite que ese modelo de teléfono nuevo es indispensable para tu colección y debes adquirirlo, aunque te deje en una situación financiera complicada. Igualmente, el ego te hace creer que eres tu pasado. Tuviste una infancia dolorosa y te quedaste anclado en el sufrimiento de ese pequeño ser indefenso que eras entonces. Te cuesta trabajo desprenderte de esa historia que estás seguro de haber construido, pero que no es, ni será jamás, tu verdadera identidad.

El rol del ego es hacerte sentir que eres víctima de la fatalidad, y que tu historia no te permite cambiar tu destino.
Ahora y siempre se identifica con las situaciones que ya tuvieron lugar

Pero el hecho de que tu matrimonio fallara no significa que tú seas un fracaso. Que un adulto haya abusado de ti no quiere decir que debas continuar enojado con las personas que conoces en la actualidad.

También está la enfermedad, que llegó porque tu cuerpo dio lo mejor de sí mismo en los últimos años. Hoy, ese cuerpo necesita cuidado, atención y amor, no tu miedo y tus reproches. El ego se regocija haciéndote sentir culpable y repitiéndote la cantaleta de las quejas. No te ayuda a sanar, conserva el estrés con la intención de mantenerte el mayor tiempo posible en la creencia de que eres un ser limitado. La prueba es que estás enfermo.

Y la enfermedad llegó para permitirte descansar... por fin.

La enfermedad, esa ciática que te impide retomar tus actividades y te obliga a pasar tiempo en casa, en calma, a leer esa novela que empezaste hace semanas. También ese resfriado que no termina de pasar y te fuerza a bajar el ritmo de tus deberes para que te tomes el tiempo, por fin, de prestar atención a tus seres queridos. Está el cáncer y el miedo a desaparecer de un día para otro, que te hacen comprender que a cada uno de nosotros nos preocupa y que lo habías olvidado. Entonces, decides que ya es tiempo. ¡Decides hacer eso que te hace vibrar de felicidad!

La energía que dedicas a conservar emociones tan negativas como el enojo, la depresión o la culpa es un castigo que te infliges a ti mismo primero, y después a las personas que te rodean.

Date cuenta de que, en realidad, eres un ser humano en busca de la felicidad. Una búsqueda que la mente se encarga de distorsionar a causa de tus creencias «limitantes».

El ego te lleva al tormento de la carencia y de la culpa. Siembra la duda en el instante en el que disfrutas del placer de tu actividad. Es la parte oscura de la humanidad que ha tomado la delantera estos últimos siglos. Es

el representante del desequilibrio que hoy en día reina aquí abajo.

El ego es el amo y señor del mundo material, en perjuicio de la creatividad y de la intuición. Es alimentado por el «cerebro izquierdo», ese lado donde la lógica productiva puede volverse destructiva cuando el cerebro derecho, el de la intuición y la sensibilidad, no contrarresta sus efectos.

En la actualidad, vivimos en una sociedad del ego, por el ego y para el ego. No obstante, el inicio del siglo XXI trajo consigo un aliento nuevo. El despertar de los sentidos, que durante mucho tiempo estuvieron adormecidos bajo el yugo de la obligación y los deberes, está a punto de darse. El movimiento de liberación de la fuerza creadora creció hasta dejar a la vista de todos a los individuos que se atreven a hablar públicamente de su despertar. Es la era de la espiritualidad que se expresa a través de todos.

A cada uno de nosotros nos interesa la debacle que agita a nuestro sistema. Todos deseamos vivir felices y ver contentos a los demás. Todos estamos conscientes de que es momento de actuar.

Porque a fuerza de obligaciones, a fuerza de deberes y a fuerza de limitaciones, ya sea desde el punto de vista material o conductual, el ego logró provocar lo que quería ver desaparecer del planeta, es decir, el restablecimiento del amor.

Tú y yo nos vimos obligados a abstraernos en el interior... en nuestro interior. Y hemos descubierto que es ahí donde se encuentra la fuerza creadora; que es ahí donde reside nuestro poder; que es ahí donde se halla nuestra verdadera identidad.

Gracias al ego, y a todo lo malo e insostenible que ha causado, los hombres voltean cada vez más hacia la esencia misma de la existencia.

Yo le agradezco al ego que haya jugado ese papel tan difícil para permitir que seamos nosotros mismos. Es así como la humanidad por fin va a encontrarse y a reconocerse.

Retoma las riendas de tu existencia

El ego se ha apoderado del mundo y de tu existencia. Es él quien decide tu situación, dejando de lado tus aspiraciones más profundas, sin respetar la «vida» que representas. Se basa en las creencias que admites como obstáculos para ser la persona en la que te has convertido. ¿No será tiempo ya de que retomes las riendas de tu existencia?

Por eso, el método Ho'oponopono es tan interesante hoy en día. Te brinda la oportunidad de liberarte de las creencias «limitantes» gracias a las situaciones difíciles a las que te enfrentas.

Así es, nada mejor que un conflicto para detectar las manipulaciones del ego. Cuando te enredas en las emociones negativas como la ira, la angustia, la envidia o la culpa, sabes que es el ego el que te arrastra a ese sufrimiento y no la persona que está frente a ti. El otro es el mensajero, el espejo de tus creencias «limitantes», el indicador de tus sufrimientos.

Te presento un ejemplo para que te ayude a comprender esa noción de espejo y de responsabilidad individual. Esta mañana, te diriges a tu auto, que está estacionado debajo de tu casa y te das cuenta de que está chocado. No puedes usarlo, pero tienes que llegar a la oficina.

La decisión es tuya

Puedes permitir que la ira te domine todo el día, olvidando que tus hijos, tus padres, tus amigos o tus compañeros de trabajo no tienen la culpa de lo que te sucede. Entonces, en vez de pedirles que te brinden su ayuda compasiva, no les dejas otra opción que alejarse de tu humor asesino. También puedes actuar como si fueras una víctima tratada injustamente por sus vecinos y alimentar esas emociones negativas hasta el grado de perder el sueño. Asimismo, puede suceder que intentes causar lástima, o que lances amenazas delante del ajustador de seguros que dejará de lado tu expediente mientras espera contar con elementos concretos de tu parte. Pierdes el control en los recovecos de «tus desgracias» del día.

O bien,

decides darte tiempo para digerir la impresión, creando un ambiente de paz en tu interior. La emoción y la calma que reinan dentro de ti se reflejan también en el exterior.

Llevas a las personas que te rodean a que te sugieran soluciones, las cuales no habrías comprendido si te hubieras quedado atorado en las emociones negativas. Te comunicas apropiadamente y el ajustador del seguro presta atención a tus palabras. Puedes resolver rápido la situación porque escuchas las soluciones. Al mismo tiempo, te das cuenta de que este día, que comienza con indicios de una catástrofe, te permite descubrir la generosidad de las personas que te rodean. Algunas te proponen llevarte a tu cita; otras, recoger a tus hijos a la salida de la escuela, o incluso prestarte un automóvil. También te encuentras con que el causante del accidente no es un vecino descontento, sino que esa mañana el camión de la basura del municipio no vio tu vehículo. Así empieza a cambiar la forma en la que ves a los demás.

En el primer caso, la reacción negativa ante el accidente paralizó toda tentativa de resolver el problema, de lo que emana la parálisis y la inacción.

En el segundo caso, recuperar la calma es lo que te permite descubrir el apoyo amistoso que te beneficia, y encuentras la solución gracias a una intervención tranquila. Es la resolución del problema, es la acción.

El milagro se da pronunciando las cuatro palabras de sabiduría: «lo siento, perdóname, gracias, te amo» en el momento en que surgen en ti las emociones negativas. Repite ese mantra cuantas veces lo desees, hasta que te calmes y te relajes.

Si te enfrentas al deterioro de tu auto, a un cliente descontento, a una mala noticia a través de un mensaje de texto, a una observación de tu jefe, a un olvido de tu parte, a una acción torpe, al robo de tu reloj, a un cheque sin fondos, a una fiebre que te ata a la cama, a un vecino escandaloso, a un cartero grosero, a un proceso interminable, a un empleo que ves pasar delante de tu nariz, a una carta donde tu pareja termina la relación o al rechazo de una escuela de prestigio, Ho'oponopono es una ayuda valiosa para tranquilizar cualquier sufrimiento que resulte de ello.

Sin duda, no hace desaparecer el problema, pero lo coloca en el lugar que le corresponde, ni más ni menos. No se convierte en una obsesión, en una identificación complementaria del ego. Llegó a tu vida con la intención de

permitirte eliminar tus creencias «limitantes», esas que controlaban tu vida por ti.

Retomas las riendas de tu existencia cuando logras la paz y la calma, porque en ese preciso momento prestas atención a la inspiración que emana de ellas.

Crea un espacio de paz

Nada como un problema que surge de los recovecos de la existencia para que te des cuenta de que también hay una creencia «limitante» que debes enfrentar. Así reconocí que mis esquemas de comportamiento eran obsoletos, aquellos que conservé durante tanto tiempo.

Cuando viajaba por la carretera, atestada por una multitud de vehículos, para dirigirme a mi cita, sentí que surgía en mí la exasperación cuando se redujo la velocidad de crucero al cabo de varios kilómetros. Entonces, comencé a limpiar mi interior recitando para mí:

«Lo siento por tomar este camino a la hora pico; perdóname por haber activado esta memoria de impaciencia; gracias por despertar esa memoria para que pueda eliminarla; te amo, me amo, por volverme consciente de la impaciencia que hay en mí; te amo, universo, porque me das la oportunidad de eliminar esta creencia».

Después, sigo recitando: «lo siento, perdóname, gracias, te amo» hasta que me parece divertido haber tomado ese camino en el que descubro que el paisaje es muy agradable en esta época. Es entonces cuando los vehículos desaparecen de mi ruta, dejándome la libertad de recuperar una velocidad decente para llegar a mi cita sin retraso.

Puede parecer muy fácil considerar la calma cuando se trata de un asunto material, pero puede resultar inimaginable si se trata de la salud de un ser querido.

Sin embargo, lo único que cuenta es tu reacción ante el hecho

¿Cómo pueden ayudar tus lágrimas de desesperación a una persona que acaba de enterarse de que padece una enfermedad grave? ¿Tu angustia no provocará que se sienta un poco más culpable por haber llevado esa carga a su familia? ¿No sería preferible que te convirtieras en ese individuo que escucha atento y que está presente en ese momento crucial de su existencia? ¿Y por qué no volverte ese espacio de paz que le es necesario?

Porque tu miedo es más fuerte que el suyo, o porque no puedes imaginar la vida sin esa persona, a fuerza de concentrarte en tu tristeza y en el miedo que provoca, te olvidas de estar presente para esa persona que tanto te necesita. Te olvidas de que ella no es quien te hace sufrir, sino la experiencia que vive. Dejas de lado tu responsabilidad, que consiste en decir: «Yo no puedo vivir la enfermedad en tu lugar, no puedo aliviarte, pero sí puedo acompañarte en este momento dándote mi apoyo, sin juicio y escuchándote con atención».

Asimismo, puedes ayudar mucho conservando tus fuerzas. Dormir bien, llevar una alimentación equilibrada y ordenada; realizar una actividad física al aire libre, te convierte en un apoyo eficaz. Acompañar a un ser querido en un momento tan delicado, también es proveerse los medios para hacerlo en las mejores condiciones posibles. Darte tiempo para ocuparte de ti, es también el tiempo que darás a su bienestar. Porque llegar a su habitación con ojeras a causa de la fatiga y carcomido por la angustia, hace que le transmitas una energía de fatiga y angustia. Sin caer en una farsa, es preferible para toda persona enferma que la visiten amigos y seres queridos con buena salud y felices de estar ahí. El gusto de la alegría de vivir es contagioso, así que «contamina» a esa persona con tu bienestar.

Una de las grandes fuerzas de Ho'oponopono es que te permite entrar en la aceptación de lo que sucede para que estés plenamente consciente y receptivo de las soluciones que se presenten.

No hablo de guiar a la persona o de tomar las decisiones por ella, solamente de estar ahí, presente, alerta a las señales de la vida. Con esta actitud de «supervisor atento», permaneces abierto a todas las oportunidades. Respiras calma, sientes serenidad. Te conviertes en el ejemplo de esa paz interior, hasta que un día, esa persona te pregunta cómo puede alcanzarla ella también. Entonces, le explicas los principios de las cuatro palabras de sabiduría. Le compartes el secreto de cómo recuperar la paz.

Cuando una persona cercana te cuenta que tiene un problema que la pone furiosa o desesperada, no espera que encuentres tú la solución en su lugar, simplemente desea que alguien la escuche con atención y sin juicios.

Puedes darle un regalo invaluable a tu hijo, papá, mamá, amigo, hermano, hermana, compañero de trabajo, vecino. Puedes brindar ese remanso de paz que la persona no ha logrado descubrir en sí misma. Puedes entrar en la calma por ella y por ti.

Mientras te habla de sus problemas, basta con que recites en tu interior: «lo siento, perdóname, gracias, te amo» con la intención de emitir una vibración de amor. Esta energía traspasa los límites de tu cuerpo hasta envolver a la persona con una sensación tranquilizadora. Así creas un espacio de paz donde los problemas se presentan sin juicio, sin expectativas, con la certeza de que solo recuperar la calma puede permitir que se den las soluciones. Las emociones negativas se liberan a medida que se sueltan las palabras de estrés.

Entonces, cuando el otro grite: «Estoy furioso por tener que hacer todo el trabajo de mi compañero y no recibir un aumento», recita en silencio: «lo siento, perdóname, gracias, te amo». Continúa eliminando esas memorias de injusticia que despertó el intermediario de ese ser querido. Quédate presente en tus emociones y deja el espacio para la paz.

Cuando permites que el otro exprese sus problemas entrando en el terreno del amor, abandonas el deseo de controlarlo. No se trata de que le digas: «Te lo dije» o «Haz lo que yo». Sé humilde, porque reconoces en el otro lo que a veces te toca vivir.

Al crear ese espacio de paz, te das la oportunidad de encontrar las soluciones. Las cuatro palabras de sabiduría existen para ayudarte a soltar las expectativas; de otra manera, regresas al control y al sufrimiento que estas provocan.

Cuando compartes ese regalo maravilloso de estar sin juicios, te liberas de las creencias de la noción de lo que está bien y lo que está mal. Sabes que ese conflicto llegó a ti para permitirte eliminar esas creencias «limitantes» y abrirte al universo de las posibilidades.

Cuando practicas Ho'oponopono eliges convertirte en actor de tu existencia; ser el ejemplo de esa paz que deseas ver surgir a tu alrededor; ser el cambio que deseas ver en el mundo.

NO TENER EXPECTATIVAS

Cuando empecé a practicar Ho'oponopono, agregué una quinta palabra al mantra de Ho'oponopono.

Recitaba en silencio: «Lo siento, perdóname, gracias, te amo... ¡sorpresa!».

La palabra «sorpresa» era para distraer a mi mente y ponerla en la perspectiva de que podía suceder cualquier cosa, solo que no sabía dónde, ni cuándo, ni cómo.

El deseo de controlar el resultado desaparecía con la palabra «sorpresa».

Si lo prefieres, puedes decir también «milagro». Espera un milagro, como dice Joe Vitale.

Desde que las cuatro palabras de sabiduría se instalaron en mí, desde que integré la sorpresa o daba por sentado el milagro, dejé de repetirlas. Entendí que la vida siempre reservaba regalos para mí...

Las vibraciones

¿Cómo cuatro palabras pueden resolver los problemas y disolver el sufrimiento con los que te encuentras? Desde el inicio de los tiempos, los hombres y las mujeres recitan oraciones y mantras con la intención vibrante de traer la paz al mundo. Las palabras tienen una fuerza, un poder sonoro que traspasa los muros. El sonido vibra, sobrepasa la materia y causa emociones. Supongo que has tenido la oportunidad de asistir a un concierto de música clásica, y que en algún momento sentiste un fuerte escalofrío al nivel del pecho. Una emoción intensa que se mete hasta las fibras de tus brazos. Una sensación que te invade porque el sonido transporta las emociones.

No tienes que ser monje o monja para emitir esta energía; tú y yo también disponemos de esa capacidad. Asimismo, la oración de la noche o la bendición a la hora de la comida son formas de transmitir esta paz del corazón. Las tradiciones religiosas permiten que los mortales comunes participen en esta pacificación. Solamente existen en este planeta personas que, como yo, no reciben ninguna educación religiosa o que se confundieron en alguna parte entre la adolescencia y la ira.

Cuando conocí Ho'oponopono, rápido adopté el mensaje: «lo siento, perdóname, gracias, te amo». Se convirtió en mi mantra, mi oración y una manera de estar en gratitud y en amor. Esas cuatro palabras de sabiduría vibran a niveles que despiertan al ser interior que está inactivo en cada uno de nosotros. Es el acceso al alma, al Yo interior, a la divinidad interior, a la paz.

Experimentando este método comprendí que su uso va más allá de las palabras. La repetición de esas palabras de sabiduría coloca a las personas en un estado vibratorio diferente.

Es difícil permanecer enfadado cuando repites «gracias» o «te amo». Esas palabras te llevan a otros cielos. La persona que lastimaste deja de estar herida, incluso interiormente, cuando adoptas este mantra.

Lo interesante de este método reside en el hecho de que dejas de consumirte con emociones negativas cuando te topas con una situación de conflicto.

El ego se alimenta de creencias como: «él no tenía derecho a hacerme eso» o «es injusto que me pase esto», y entonces te incita a aumentar tu ira o tu depresión. El verdadero culpable, el que te mantiene en el papel de víctima, es el ego.

El Otro es el que te sacude, el que te enfrenta a esta memoria negativa que has conservado toda tu existencia, el que te hace creer que la vida es una sucesión de catástrofes.

Ahora, es cuestión de que te conviertas en el capitán y que pongas manos a la obra con las mejores herramientas que están a tu disposición. Encerrarte en ti mismo o tener una explosión violenta no resuelve el problema. Hay que pasar a otro nivel de comprensión para tomar las medidas necesarias. Ninguna acción llevada a cabo bajo la influencia de la ira o de la desesperación resuelve las cosas. Solo una acción proveniente de la paz interior permite ponerle fin, definitivamente, al conflicto pendiente.

Los conflictos liberadores

Yo aplico Ho'oponopono en todos los casos conflictivos de mi existencia. Su uso no tiene límite. Las soluciones a todas las situaciones llegan cuando estoy en calma.

Cuando la gente se ríe de mis decisiones, lanza piedras para romper el vidrio de mi oficina, critica lo que escribo o tiene intenciones ofensivas hacia mí; recito: «lo siento, perdóname, te amo, gracias» porque:

- Sé que me enfrento al desprecio. Reconozco esta emoción porque la he sentido. Es mi parte oscura.

- Sé que lo que se hace bajo la influencia de la ira puede provocar actos de agresión hacia la primera persona que pasa por tu camino. Reconozco esta manera de actuar porque tengo en mi interior una creencia «limitante» que me dice que para demostrar quién soy, no debo dejarme manipular, que debo imponerme a la fuerza a los demás.

- Sé que no es bueno juzgar. Lo reconozco porque critico mis acciones todos los días, diciéndome «que soy un desastre», y a veces se lo digo a las personas que amo.

- Sé que hay emociones negativas en mí y las elimino con las cuatro palabras de sabiduría para borrar la creencia que las origina.

Las palabras y las acciones humillantes no son «tuyas», las emociones que te llevan a pronunciar esas palabras y a hacer esas acciones son tu reflejo. Reconoces esas emociones porque están presentes en tu actitud. Reconoces la parte oscura y ella te causa aversión, hacia el otro y hacia ti mismo. Ahí está, ese es el efecto espejo. Es difícil aceptarlo; sin embargo, es muy liberador cuando comprendes que se trata de indicios para ayudarte a salir de los conflictos que vives desde hace décadas.

Tu responsabilidad es sanar en ti la creencia que origina esas emociones dañinas. Elimina la creencia y sana los conflictos.

Las creencias que aceptaste e integraste a tu existencia, se mantienen con vida gracias a las experiencias que te suceden. Tus desaprobaciones derivan en creencias «limitantes» y así conservan la posición de líder del ego.

Te comparto un ejemplo que explica el principio. Desde niño aceptaste el hecho de que, igual que tus papás, no eres bueno para las matemáticas. Tus notas en esa materia solo son aceptables y confirmas entonces que eso se debe a esta herencia. Ante los exámenes y las pruebas, el estrés aumenta, las notas bajan, el estrés aumenta más y confirmas que no estás hecho para las matemáticas.

Reforzaste la creencia con tu experiencia. En la adolescencia, en vez de continuar coleccionando las «peores» notas, decides tomar un curso de orientación en el que no hay muchas matemáticas. Eliges una carrera en función de una carencia y no de un punto fuerte. Es así como, de repente, te encuentras ejerciendo una profesión en la que te aburres muchísimo. Le diste la mano al ego, él fue quien decidió tu futuro.

Otro ejemplo. Tienes la creencia de que el dinero no da la felicidad. Una frase que las personas que nos rodeaban repitieron toda nuestra infancia y que integraste a tu vida.

Hoy, eres un adulto que se enfrenta a problemas financieros a lo largo del año. Tienes un empleo, cuentas con un ingreso, solo que este no cubre tus gastos. Tu estilo de vida es modesto. Eres una persona sensata en lo que a necesidades materiales se refiere. Y los imprevistos suelen dejar tu cuenta bancaria en números rojos. Para responder a esta creencia «limitante» de que el dinero no da la felicidad, aceptas un trabajo poco remunerado, pero en el que te reconocen por tus capacidades, y miras de lejos otro empleo como subalterno con bonos y un mejor salario. Consideras que es injusto porque no estudiaste tanto para terminar como un simple asistente.

El ego se encarga de colocarte en un lugar que corresponda perfectamente con la «memoria» de que no hay que tener dinero para encontrar la oportunidad de ser feliz. También puede llevarte a elegir un auto de menor precio, pero en pésimo estado, con la intención de no hacer gastos no previstos. El ego utiliza todas las armas para provocarte gastos, justo para responder a esa creencia «limitante» de que el dinero no da la felicidad. Y es cuando comienzas a entender que no estás listo para encontrar la felicidad de esa manera.

Los conflictos surgen a diestra y siniestra para que comprendas que debes eliminar esa creencia y puedas avanzar. Con frecuencia te enfrentas a tu jefe, que se niega a aumentar tu salario; al auto que no quiere arrancar; a ese empleo que no te enriquece ni material ni profesionalmente. Vives lleno de dificultades. Cada día tu situación es una afrenta. El timbre de tu teléfono hace que temas que surja otro problema; estás inmerso en el estrés y cada reunión puede convertirse en una fuente de conflictos. Tu existencia te enferma.

Necesitas desapegarte para sanar. No hay más que recitar «lo siento, perdóname, gracias, te amo» para calmar el dolor y comprender que esas complicaciones son la señal de que la vida te pide que elimines una memoria negativa. Te vuelves consciente de que la experiencia difícil que vives te brinda la oportunidad de liberarte de un esquema de comportamiento destructor.

Recitar Ho'oponopono es la perspectiva necesaria para comprender tu situación actual. Tu existencia es una sucesión de experiencias, agradables y desagradables. Los obstáculos son etapas necesarias para que cambies tus pensamientos. Te permiten liberarte de las creencias que disminuyen tus capacidades. Son las señales para que tomes un camino más despejado en el que podrás darte tiempo para reencontrarte.

Comprende que la decisión es tuya. Ya sea que decidas ponerte un plazo para terminar con lo negativo y ya no ser víctima de la fatalidad; ya sea que dejes que esa cantaleta infernal se repita hasta el fin de tus días y te quedes con la sensación de que ves pasar tu vida.

El creador del mundo

Conocerte gracias al conflicto es una manera de reconocer y aceptar mejor esta parte oscura que reside en el fondo de tu ser. Porque amarte comienza con la aceptación de todo lo que eres, sin juicios.

Gracias al Ho'oponopono comprendí eso, porque aceptándome como soy, puedo aceptar a los demás como son.

Eso no significa que ante cada conflicto deba ceder y adoptar la pasividad. Por el contrario, quiere decir que el conflicto es un medio para ir más allá de las apariencias, del juicio del ego para obtener soluciones concretas y apropiadas.

Nuestro mundo no es
una fuente de injusticia.
Nuestro mundo es
lo que hacemos de él.

Concentrarte en los problemas, y nada más en los problemas, con mucha frecuencia provoca que tus acciones sean fruto de un sentimiento de rebeldía, de frustración y de ira. La información difundida en ese sentido existe para resaltar las emociones negativas. Todos los días encontramos más catástrofes y guerras en nuestra vida, lo que hace que el miedo se convierta en la emoción principal que domina nuestra civilización. Y una sociedad que da importancia a los miedos se vuelve paranoica.

Allí están las calamidades muy presentes, lo acepto, solo que ellas no dominan el planeta. Constituyen una parte de la civilización, pero, sin duda, no son su totalidad.

Cada mañana, me levanto y me digo que tengo el privilegio de contar con un techo sobre mi cabeza que me protege de la intemperie. Duermo en una cama cómoda, tengo acceso a una ducha caliente, hay comida en el refrigerador y agua en el grifo. Entonces, agradezco pronunciando las cuatro palabras de sabiduría: «lo siento, perdóname, gracias, te amo». Entro en la gratitud en vez de llenarme de frustración por haberme levantado.

Sé que hay personas que no cuentan con esas comodidades. No adopto la idea de sentir culpa por eso. En nombre de ellas, y de aquellos que no tienen nada, aprecio esos regalos con sinceridad todos los días. No voy a ayudarlos enfureciéndome, eso no cambiará su realidad. Por el contrario, las emociones negativas hacen más difícil la existencia, para mí y también para mis seres queridos que tendrían que soportar mi mal humor.

Así creé mi vida. Mi entorno está conformado por mi familia, mis amigos y mis relaciones de trabajo a quienes les envío una ola positiva de energía. Porque sé que si yo resplandezco, ellos también van a radiar una alegría que transmitirán a personas que no conozco, pero que a su vez se benefician con esta misma energía. Es un fenómeno que se ha estudiado y que se traduce así: «La alegría es contagiosa». Una verdad que es difícil ignorar.

De hecho, cuando practico Ho'oponopono y recito las cuatro palabras de sabiduría, me convierto en eso que quiero ver aparecer en este mundo. Gandhi fue quien mejor resumió esta idea diciendo: «Sé el cambio que quieres ver en el mundo».

Recuerda que cuando conservas la ira, también la reflejas, y que transmites esa vibración a las personas que tienes cerca y lejos. Es inútil que te culpes porque, al hacerlo, vuelves a transmitir una energía desagradable. Si estás contento, en paz, sereno, entusiasmado, te conviertes en un agente «mundial» de emociones positivas. Eres el creador de tu mundo gracias a las emociones que emanan de ti, así que refleja las mejores.

Escucha a la inspiración

Cada día es una ocasión para ponerte al nivel del universo, la vida o Dios. No importa cómo lo llames, porque cuando estás en paz, te conectas con tu Yo interior, tu alma, y tienes acceso a las soluciones más convenientes.

La fórmula de sabiduría de Ho'oponopono existe para ayudarte a entrar en contacto con ese aspecto de ti. Cuando te enfrentes a un problema, en vez de verlo como una fatalidad, primero recita en silencio: «lo siento, perdóname, gracias, te amo». No te limites a un número determinado de mantras; repite esas palabras porque inundan tu mente y no le dejan otra opción más que sentir. Es una manera de neutralizar al ego, pero sobre todo a los miedos que ha despertado. Imprégnate de esas palabras.

Date permiso de encontrar la calma

Para que esta fórmula surja efecto en cuanto un conflicto aparece en mi vida, me entrené para recitar en silencio «lo siento, perdóname, gracias, te amo» a todas horas del día.

Cuando se presentaba un trabajo repetitivo, o cuando el camino era solitario, recitaba estas cuatro palabras para eliminar las creencias «limitantes» que no había visto surgir en el instante y que, después, volvían a mí. Y luego, me sentía tan bien diciendo estas palabras que se convirtieron en una especie de segunda naturaleza. Una manera de estar en gratitud.

Sobre todo, me di cuenta de que me había empeñado en conservar esas memorias «limitantes» durante todos esos años en los que no debía hacer más que eliminarlas de mi existencia. Me había vuelto tan asidua a llevar el Ho'oponopono a mi vida diaria como lo había sido para crear mis límites.

Al acostarme, cuando hago el balance de mi día, o en la mañana, cuando pongo un pie fuera de la cama, lanzo las palabras de sabiduría «lo siento, perdóname, gracias, te amo» al universo, a la vida, a Dios... a mí misma.

El efecto más emocionante de esta práctica es que no exige nada de tu parte más que estés completamente presente en lo que haces. Es inútil querer controlar el resultado, ya que solo le concierne a la vida, pues ella sabe exactamente qué es lo que necesitas. Me dirás que es difícil de creer, sobre todo cuando ves cómo se desencadenan las situaciones desastrosas a tu alrededor. Toma distancia y considéralas como los medios que te empujan a elegir un camino que se adapte mejor a tus aspiraciones.

Tienes la impresión de que haces exactamente lo que hay que hacer para estar en consonancia con tus convicciones, provenientes de las creencias que aceptaste desde la infancia. Y tu mundo pareció derrumbarse el día que perdiste el empleo, que representaba toda tu existencia. Tu ego te dijo que no eres nada sin ese trabajo, que debías sentir vergüenza por estar desempleado, que además es una injusticia y que no puedes hacer nada contra la fatalidad. Todas esas frases son creencias que te limitan e impiden que te desarrolles. Porque con el tiempo comprendiste que se trató de una experiencia más, de esas que la vida tiene el arte de tramar para hacerte llegar más lejos. Eliminar las creencias negativas con Ho'oponopono te lleva a comprender que cuentas con todas las capacidades para hacer realidad tus sueños. La única fuerza que te dice que es imposible es el ego. La trampa de la mente está ahí para hacerte perder el control. La acción y la resolución de los problemas es el poder que viene de tu Yo interior. Para conectarte con él es imperativo que te liberes, porque solo en calma y en paz podrás escucharte.

Cuando te conectas con esa fuente infinita y poderosa, descubres el potencial que el universo ha puesto a tu disposición. En esos instantes de «gracia» comprendes, por fin, el mensaje: «Te espera algo más grande».

Puedes sonreír o suspirar por la emoción cuando comprendas bien esas palabras. Solamente no te equivoques; está bien que te niegues a admitir que te pones en situaciones complicadas. Cuando renuncias a tus sueños y a tus aspiraciones, dices «no» a la vida y a sus oportunidades.

Recibes aquello que llamas y si «deseas» parecerte más a las tempestades que a las brisas ligeras, no te sorprenda que un huracán inunde tu existencia. Ese «deseo» son las emociones negativas que quiero que expreses en voz alta. Es posible transformarlas si cambias tu relación con la vida; eso depende solamente de ti.

Reconozco la inspiración porque llega a mí como un murmullo. Es esa idea genial que aparece de golpe cuando decides soltar todo. Suena sin parar en mi cabeza hasta que se convierte en convencimiento. Es muy sencillo distinguirla de los mensajes alborotadores del ego; basta con que contemple las emociones que me embargan cuando me concentro en esa idea. Si es un sentimiento grande de tranquilidad, si aparece una sonrisa, un estremecimiento de placer o una emoción alegre, entonces sé que proviene de mi Yo interior. Siento una vibración de felicidad.

Por el contrario, si me invade la duda, la angustia, el estrés o el miedo, quiere decir que el ego trata de controlar mi vida enviándome un mensaje relacionado con las creencias negativas.

La inspiración es lo que te permite encontrar las soluciones que mejor se adaptan a tu situación en determinado momento. Es un espacio donde reina la paz.

Cuando tienes confusión de ideas, es porque estás enganchado con la mente, que es la que alimenta los miedos del ego.

La inspiración es el medio que te ayuda a pasar a la acción. La solución llega de manera inesperada, porque decidiste recitar «lo siento, perdóname, gracias, te amo» y soltar las expectativas. Permitiste que la vida siguiera su curso. Cuando decides gritar porque tienes «el agua hasta el cuello», antes de pronunciar las cuatro palabras de sabiduría, es porque dejaste que el ego dirigiera tu vida.

La inspiración es el instante de reconexión con el universo. Es estar presente, aquí y ahora, listo para escuchar lo que tiene que decirte la vida. Repite la fórmula de Ho'oponopono para que te conectes con ese momento valioso que es el instante presente.

Cuando le temes al futuro o lamentas tu pasado, es señal de que el ego aún controla tu existencia.

Solo basta que pronuncies «lo siento, perdóname, gracias, te amo» para neutralizar al ego perturbador. Es un medio eficaz que se adapta a todas las situaciones de la vida.

Los conflictos detonadores

Yo considero las dificultades con las que me encuentro como oportunidades para conocer mejor mis aspiraciones internas. La manera en la que reacciono ante las situaciones detona las creencias «limitantes» que persisten en mi día a día. Tomo conciencia de mis miedos y de las acciones que desencadenan. Me doy cuenta de que estoy de nuevo a merced del ego y que liberarme solo depende de mí. Recuperada la calma, descubro que enterré en el fondo de mi ser, detrás de las creencias y la desesperanza, mis verdaderos proyectos y mis sueños invaluables.

Cuando absorbo todas esas memorias colectivas, todas esas creencias negativas que adopté como mías, al mismo tiempo abandono los objetivos de mi vida. Cuando era niña, sabía que tenía que cumplir una misión en esta Tierra. Perdí el rumbo en el caos de las emociones humanas. Recuperar esas aspiraciones es la tarea del adulto en el que me convertí. Hoy comprendo que solo me corresponde a mí retomar el camino de mi destino interior. Encuentro el sendero del corazón cuando estoy en paz.

Como la vida hace bien las cosas, utilizo las herramientas que están a mi disposición para entender quién soy en realidad. Los problemas forman parte de mi existencia, por lo tanto, son, obligatoriamente, un medio para recuperar mis raíces.

Mis orígenes no están conectados solo a la familia en la que nací, al país que me albergó, a la cultura que me define y a las escuelas donde me eduqué. Provengo de la fuente universal que permite que la vida surja en todas sus formas. Yo vengo y soy esa pizca de eternidad. Mi cuerpo es efímero; es un regalo que me permite experimentar las emociones.

Cada vez que estoy en los brazos del miedo, sé que debo encontrar el valor. Cuando la envidia o los celos me invaden, cultivo la aceptación y me doy permiso de sentirme feliz por el otro. Cuando estoy furiosa, coloco la mano en mi corazón y acepto la paz.

Me reconecto con mis raíces, que son la luz y el amor. Entro en contacto con la sabiduría del universo gracias al Ho'oponopono.

Conocerte gracias a los conflictos es tomar conciencia de que la vida es tu aliada. Ella te da acceso a ese potencial que te guía para que pidas «señales», o sincronicidad. No tienes que hacer más que escuchar.

La naturaleza humana o, para ser más exacta, el ego, prefiere meter la mano en las situaciones dándoles un toque de evaluación. Esto es aceptable, aquello no; eso apenas merece que le des atención. El juicio por la atribución de un valor varía de un individuo a otro, de una cultura a otra. Ya sea en el seno de una familia o de un país, las divergencias se desarrollan y surgen los conflictos.

En el origen, la vida puso a la mano todo lo necesario para satisfacer a las criaturas, pero el ego se esfuerza para hacerte creer lo contrario. Sin duda, eso es porque sabe que el cuerpo es mortal. Está realmente convencido de que su presencia entre nosotros es la única representación de su existencia, que es ignorante de sus verdaderos orígenes, que conserva para sí una gran cantidad de miedos y una sed insaciable de poder.

Aguardo los mensajes que me envía el universo; ellos me hacen crecer

Luego de un momento de ira provocada por una crítica a mi trabajo, recito en silencio «lo siento, perdóname, gracias, te amo» y miro ese mensaje con la mayor calma. Entonces compruebo que no se trata solamente de una observación descortés. Era más bien un consejo relacionado con mi comportamiento. Así es, en esos últimos tiempos tendía a no agradecer a la gente cercana a mí y a criticar su trabajo. No prestaba ninguna atención a sus esfuerzos; estaba muy poco atenta a lo que hacían las personas a mi alrededor para mejorar mi día a día. Para enderezar el camino de inmediato me propuse expresar lo que quería ver en este mundo. Decidí ser esa persona que brinda reconocimiento y felicitaciones. Sin expectativas, sin juicio. Esa crítica que recibí, justificada o no, tenía que cumplir un objetivo. Recibí un llamado al orden para salir del caos emocional en el que me había desvanecido. Un mensaje del universo que me mostró lo que venía a hacer aquí abajo; ser una verdadera corresponsal de amor. En vez de encerrarme en: «Me trataron injustamente», preferí mirar un poco más lejos de las narices del ego.

Es así como cada conflicto te lleva a revisar tu actitud diaria con el único objetivo de transmitir una emoción positiva. Es un aprendizaje que te enseña a sentirte bien, sacando provecho de los momentos desagradables.

Y para acompañarte en este camino interior, ahora te presento las fórmulas que creé.

Están clasificados los principales conflictos a los que te enfrentas. A cada uno le corresponde una o dos fórmulas de sabiduría, junto con el regalo de la comprensión que puede aportarte esa situación.

HO'OPONOPONO

30 fórmulas de sabiduría para sanar los conflictos

CONSEJOS Y CÓMO USARLAS

Para contribuir a la práctica de Ho'oponopono, voy a compartir contigo este método que utilizo para conectarme aún más directamente con mi Yo interior. Reconocer el fondo del problema enfocándote en la clase de memoria que despierta, te brinda la garantía de desprenderte más rápido de los miedos del ego.

Así es; si en casi todos los casos repites «lo siento, perdóname, gracias, te amo», puede ser suficiente, pero hay momentos en los que la autorresistencia es tan intensa que se vuelve muy difícil expresar las cuatro palabras de sabiduría.

Entonces, para salir del conflicto, añado a la fórmula original lo que la situación provocó en mí. Nombro las emociones y los miedos que me desencadenó.

Cuando dejas al descubierto tu parte oscura, o lo que consideras que lo es, ya no puedes evitarla. Te corresponde contemplar esa emoción con gentileza. Y para no caer en el juicio, a veces es muy útil mencionarla, exponerla, con sinceridad y amor.

Aquí se trata de que seas conciso y claro en la preparación de la fórmula. El historial de creencias «limitantes» no tiene relevancia alguna. Cuando eras niño, aceptaste esas memorias familiares y colectivas por tu propia conveniencia. No importa quién fuera el adulto o el entorno que sirvieron de mensajeros, hoy decidiste liberarte de esas creencias y no engancharte en rencores. Estás frente a una liberación emocional. Te conviertes en un ser libre y feliz de estar vivo.

Recita las cuatro palabras de sabiduría

La fórmula de Ho'oponopono se compone de cuatro palabras que evocan, cada una, una etapa esencial de la reconciliación. Aunque en principio el orden de las palabras es importante, cuando yo adopté esta manera de practicarlo, comprobé que no solamente correspondían al Ho'oponopono tradicional, sino también a las etapas que vivía conforme eliminaba en mí las creencias que surgían.

Esa es la interpretación de la fórmula de Ho'oponopono que me permitió desarrollar las 30 fórmulas en función de los conflictos que se presentan.

Comienzo por decir «Ho'oponopono». Esta palabra ya porta en sí una intención: la de «corregir» las memorias o creencias que se despiertan. Me lleva a la conexión con el universo. Pero, sobre todo, cuando pronuncio «Ho'oponopono», comienzo a rasgar el velo que se instaló en mi camino, que ocultaba la realidad y me brindaba una visión deformada de la situación.

Con la palabra **lo siento**, reconozco las manipulaciones del ego. Tomo conciencia de mi «inconsciencia»; despierto y observo qué sucede. Identifico las emociones que surgen y las menciono sin juzgar.

Con la palabra **perdóname**, me brindo el amor que elimina todo juicio hacia la elección de creencias que adopté en otro tiempo. Perdono a mi entorno por haber sido ese mensajero involuntario, y hoy elijo borrar esa creencia.

Con la palabra **gracias**, dejo ir y me doy permiso para mirar esa parte oscura de mi vida. Me acepto tal como soy. El universo no juzga, me acepta con toda mi integridad.

Con la palabra **te amo**, doy y recibo; envío esta energía beneficiosa a todo mi ser. Elimino la creencia que se despertó. Yo soy amor y merezco ese amor.

DEFINICIÓN DE LAS CUATRO PALABRAS DE SABIDURÍA DE HO'OPONOPONO

- **Lo siento**, por haber creído en esta situación negativa; reconozco el juego del ego.
- **Perdóname**, por haber despertado esta memoria; este conflicto es un regalo.
- **Gracias**, por haberla despertado para eliminarla; cambio de vibración.
- **Te amo**, a mí mismo, al universo. Me doy permiso de dar y recibir la energía del amor.

Las 30 fórmulas se elaboraron según estos principios, y te invito a que los repitas de una a tres veces antes de que recites en silencio «lo siento, perdóname, gracias, te amo».

También puedes cambiar las fórmulas en función de los problemas con los que te encuentres. Sé creativo; date la oportunidad de sanar los conflictos con las palabras sencillas que te más te convengan.

Sanar los conflictos

Es necesario que comprendas que esta sanación es un trabajo interior, individual.

El Ho'oponopono también se practica «sin expectativas». Borra las creencias en ti y deja que la vida se ocupe de mostrarte el camino. No importa cuál sea el medio que elija para ayudarte a avanzar, tú solo tienes que estar atento, en gratitud y en amor.

En cuanto surja el miedo, elimínalo recitando «lo siento, perdóname, gracias, te amo». Cuando llegue una duda, bórrala. Cuando te invada un pensamiento oscuro, ignóralo. Incorpora en tu día a día esta serenidad interior con las cuatro palabras de sabiduría. Ubícate en el momento presente, con la certeza de que es el mejor instante de tu vida. Y la vida te sorprenderá con su hospitalidad y su riqueza.

Sanar los conflictos es llevarle alegría a tu corazón cuando parece que el mundo se derrumba. También es usar los problemas como una invitación para transformar tus miedos en una oportunidad de evolución.

Un miedo es igual a una creencia «limitante» que hay que eliminar. Activa el Ho'oponopono y el miedo se convierte en el descubrimiento de una capacidad olvidada. Deja salir tu poder, que está directamente conectado con la Fuente de toda vida. Es inagotable y está disponible en todo momento.

En este instante, te dejo en compañía de las 30 fórmulas de sabiduría. Están clasificadas por tema, y cada una tiene un mensaje que te permite entrever qué conflicto despertó.

Algunas de estas fórmulas pueden pronunciarse incluso si no estás viviendo la situación conflictiva específica. Hazle caso a la inspiración, déjate guiar y recita en silencio «lo siento, perdóname, gracias, te amo».

A veces, comprobarás que existen dos fórmulas para un mismo conflicto. Así es, este puede dejar al descubierto dos formas de creencias negativas. Recita la que más se apegue a tu situación.

TRUCO PRÁCTICO

Te encuentras ante una situación difícil y deseas recitar Ho'oponopono.
Solo que las emociones que sientes son tan fuertes que no lo consigues.
Esta es una técnica que te ayudará a liberarte de la sobrecarga emocional.
De pie o sentado en una silla, con la espalda recta, inclina la cabeza delicadamente hacia el frente exhalando.
Inicia pronunciando en silencio «lo siento, perdóname, gracias, te amo».
Empiezas a respirar mejor.
El impacto emocional causó un bloqueo a la altura de tu estómago.
El movimiento de la cabeza permite liberar las tensiones a la altura de las cervicales y permite que la energía vuelva a circular.
Esos dos movimientos son suficientes para desbloquear la circulación energética y te permiten continuar con la limpieza interior con Ho'oponopono.

HO'OPONOPONO

Fórmula de sabiduría

1

ABUNDANCIA

Escucha al universo
enviarte amor

- **Lo siento** por no haber notado la abundancia.
- **Perdóname** por haber preferido la memoria de carencia.
- **Gracias** por permitirme enfrentar esta memoria negativa.
- **Te amo**, me amo, porque en lo sucesivo reparo el potencial infinito del universo; te amo, universo, porque esta abundancia infinita de amor está a mi disposición.

Enseguida recita: «lo siento, perdóname, gracias, te amo» para terminar y en silencio.

Escucha al
universo
enviarte
amor

HO'OPONOPONO

Fórmula de sabiduría

2

ACCIDENTE DE TRÁNSITO

Retoma **tu camino**

- **Lo siento** por haber recibido ese impacto violento en mi camino.
- **Perdóname** por haber tomado una vía que me apartó de mi sendero de vida.
- **Gracias** por abrirme los ojos a las obligaciones que me creé, a los deberes que me impuse y a la verdadera ruta que me espera.
- **Te amo**, me amo, porque ahora escucho mi GPS interior; te amo, me amo, porque vuelvo a encontrar mis prioridades; te amo, universo, porque me guías por el camino de la realización.

Enseguida recita: «lo siento, perdóname, gracias, te amo» para terminar y en silencio.

Retoma tu camino

Fórmula de sabiduría

3

ADICCIÓN

Descubre la **fuerza del vacío**

- **Lo siento** por tener siempre necesidad de más y de llenarme con placeres efímeros.

- **Perdóname** por conservar esta memoria de carencia y de vacío.

- **Gracias** por liberar mi espacio interior de esas creencias adictivas.

- **Te amo**, me amo, porque hago eco del vacío interior; te amo, me amo, porque cada día aprecio un poco más ese «vacío» que hay en mí; te amo, me amo, porque descubro que estoy lleno de paz y de amor; te amo, universo, porque reconfortas mi interior.

Enseguida recita: «lo siento, perdóname, gracias, te amo» para terminar y en silencio.

Descubre
la fuerza
del vacío

HO'OPONOPONO

Fórmula de sabiduría

4

AGRESIÓN

Muestra tu **fuerza interior**

- **Lo siento** por haber sido agresivo.
- **Perdóname** por haber conservado esta memoria de víctima.
- **Gracias** por volverme consciente de que mi fragilidad es apariencia.
- **Te amo**, me amo, porque sobreviví heroicamente a esta agresión y porque merezco ser consolado; te amo, me amo, porque me perdono por haber asumido el rol de víctima; te amo, me amo, porque aprendo a mostrar mi fuerza interior; te amo, me amo, porque ahora tomo las riendas de mi existencia; te amo, universo, porque me deseas el bien; te amo, universo, porque me enseñas a sacar fuerzas de tu energía.

Enseguida recita: «lo siento, perdóname, gracias, te amo» para terminar y en silencio.

Muestra
tu fuerza
interior

HO'OPONOPONO

Fórmula de sabiduría

5

ANOREXIA

Acepta **el amor**

- **Lo siento** por rechazar mi cuerpo y lo que represento.
- **Perdóname** por tener la creencia de que no estoy hecho para recibir amor.
- **Gracias** por dejar al descubierto estas memorias que me impiden ser yo mismo.
- **Te amo**, me amo, porque merezco el amor y la abundancia; te amo, me amo, porque merezco existir y estar en este planeta; te amo, me amo, porque soy importante y esencial para el mundo; te amo, universo, y te agradezco que hayas permitido que naciera; te amo, universo, porque me ofreces la posibilidad de reconocerme por lo que soy, un ser con un alma perfecta.

Enseguida recita: «lo siento, perdóname, gracias, te amo» para terminar y en silencio.

Acepta
el
amor

HO'OPONOPONO

Fórmula de sabiduría

6

AUTOMÓVIL

Déjate llevar

- **Lo siento** por tener miedo a tomar el volante de mi auto.
- **Perdóname** por tener miedo de tomar el camino, y de perder el control cuando manejo.
- **Gracias** por mostrarme esta memoria de abandono y de pérdida.
- **Te amo**, me amo, porque soy parte de esta gran familia que es la humanidad; te amo, me amo, porque gano autonomía cada vez que manejo; te amo, me amo, porque tengo todas las capacidades para volver a encontrar la ruta y la vida.

Enseguida recita: «lo siento, perdóname, gracias, te amo» para terminar y en silencio.

Déjate
llevar

AUTOMÓVIL (continuación)

Déjate llevar

- **Lo siento** por enojarme cuando viajo como pasajero en un auto.

- **Perdóname** por querer controlar el vehículo y su chofer.

- **Gracias** por hacer surgir esta memoria de vulnerabilidad.

- **Te amo**, me amo, porque soy frágil y poderoso; te amo, me amo, porque soy sensible y fuerte; te amo, me amo, porque estoy feliz de sentirme vivo.

Enseguida recita: «lo siento, perdóname, gracias, te amo» para terminar y en silencio.

Déjate
llevar

Fórmula de sabiduría

8

DECEPCIÓN

Suelta las expectativas

- **Lo siento** por estar decepcionado y arruinar este día por esta emoción negativa.

- **Perdóname** por conservar esta memoria de control sobre los hechos.

- **Gracias** por hacer aparecer esta necesidad de soltar las expectativas.

- **Te amo**, me amo, porque hago todo lo necesario para obtener los mejores resultados; te amo, me amo, porque a partir de hoy aprendo a soltar las expectativas; te amo, me amo, porque decido enfocarme únicamente en el tiempo presente; te amo, universo, y te doy toda mi confianza.

Enseguida recita: «lo siento, perdóname, gracias, te amo» para terminar y en silencio.

Suelta las
expectativas

HO'OPONOPONO

Fórmula de sabiduría

9

DEPRESIÓN

Me acepto por completo

- **Lo siento** por haber perdido el gusto por vivir.
- **Perdóname** por conservar esta memoria de desesperanza.
- **Gracias** por eliminar esta memoria de culpa y de desvalorización de mi vida.
- **Te amo**, me amo; me amo tal como soy y acepto mis emociones negativas; me amo y merezco ser amado; me amo y me doy permiso de recibir todo el amor del universo.

Enseguida recita: «lo siento, perdóname, gracias, te amo» para terminar y en silencio.

Me acepto
por
completo

HO'OPONOPONO

Fórmula de sabiduría

10

DINERO

Reconozco eso de lo que ya dispongo

- **Lo siento** por quedarme sin dinero cada mes.
- **Perdóname** por conservar esta memoria de carencia.
- **Gracias** por darme esta creencia negativa para eliminarla.
- **Te amo**, me amo, porque me doy cuenta de que solvento lo esencial de mis facturas cada mes; te amo, me amo, y agradezco todo de lo que dispongo cada mes; te amo, me amo, porque sé que hoy le doy importancia a mis ingresos en lugar de a mis deudas; te amo, universo, porque deseo concentrarme en los beneficios que me aportas; te amo, universo, porque me haces ver lo que te ofrezco a cambio del amor que me das.

Enseguida recita: «lo siento, perdóname, gracias, te amo» para terminar y en silencio.

Reconozco
eso de lo que
ya dispongo

HO'OPONOPONO

Fórmula de sabiduría

11

DINERO (continuación)

Reconozco eso de lo que ya dispongo

- **Lo siento** por querer aún más dinero.
- **Perdóname** por conservar esta creencia de que siempre hay que acumular más dinero.
- **Gracias** por revelarme estas memorias de miedo a la carencia y de inseguridad.
- **Te amo**, me amo, porque dispongo de todo lo necesario; te amo, me amo, porque descubro que el universo es abundancia; te amo, me amo, porque me abro a esta abundancia y decido compartir esta energía de amor; te amo, universo, porque me dejas ver que esta fuente es infinita; te amo, universo, porque me ofreces la seguridad de la energía del amor.

Enseguida recita: «lo siento, perdóname, gracias, te amo» para terminar y en silencio.

Reconozco
eso de lo que
ya dispongo

HO'OPONOPONO

Fórmula de sabiduría

12

DISPUTA

Respeta los valores de las personas

- **Lo siento** por haber participado en esta disputa y por haberla alimentado.

- **Perdóname** por querer cambiar a la otra persona y por hacerla pasar por una inepta.

- **Gracias** por dejarme ver abiertamente estas memorias de control y de desvalorización que se localizan en lo más profundo de mi ser.

- **Te amo**, me amo, porque valgo mucho; te amo, me amo, porque respeto los valores de las personas; te amo, al Otro, porque eres el detonador de esas creencias «limitantes» y porque me permites eliminarlas con amor.

Enseguida recita: «lo siento, perdóname, gracias, te amo» para terminar y en silencio.

Respeta
los valores
de las
personas

HO'OPONOPONO

Fórmula de sabiduría 13

DUDA

Ten confianza en la vida

- **Lo siento** por haber dudado del universo.
- **Perdóname** por olvidar mi poder interior.
- **Gracias** por permitirme eliminar esta falta de confianza.
- **Te amo**, me amo, porque me abro al universo; te amo, me amo, porque represento al universo y su omnipotencia; te amo, universo, porque compenso mis carencias con la energía del amor.

Enseguida recita: «lo siento, perdóname, gracias, te amo» para terminar y en silencio.

Ten confianza en la vida

HO'OPONOPONO

Fórmula de sabiduría

14

EMBOTELLAMIENTOS

Date tiempo
para **escucharte**

- **Lo siento** por encontrarme atrapado en el camino.
- **Perdóname** por haber conservado esta memoria de bloqueo.
- **Gracias** por despertar mis miedos sobre la inercia de mi existencia.
- **Te amo**, me amo, porque aprendo a darme tiempo; te amo, me amo, porque aprendo a estar en silencio y a escuchar mis aspiraciones; te amo, universo, porque me ayudas a aclarar mi camino interior.

Enseguida recita: «lo siento, perdóname, gracias, te amo» para terminar y en silencio.

Date
tiempo para
escucharte

HO'OPONOPONO

Fórmula de sabiduría

15

ENFERMEDAD

Acepta que el cuerpo
es un mensajero del alma

- **Lo siento** por tener esta enfermedad.
- **Perdóname** por pensar únicamente en este sufrimiento físico.
- **Gracias** por despertarme a la vida con este padecimiento.
- **Te amo**, cuerpo, porque necesitas mi atención; te amo, enfermedad, porque me recuerdas que había olvidado ocuparme de mí; te amo, vida, porque me entregas los mensajes necesarios para mi evolución; te amo, me amo, porque escucho mis verdaderas aspiraciones.

Enseguida recita: «lo siento, perdóname, gracias, te amo» para terminar y en silencio.

Acepta que el cuerpo es un mensajero del alma

HO'OPONOPONO

Fórmula de sabiduría

16

ENFERMEDAD (continuación)

Acepta que el cuerpo
es un mensajero del alma

- **Lo siento** por estar enojado con la enfermedad, conmigo, con la vida.
- **Perdóname** por utilizar esta memoria de injusticia.
- **Gracias** por esta experiencia que me muestra este sentimiento de impotencia.
- **Te amo**, me amo, porque me brindo los medios para hacer lo necesario para sanar; te amo, me amo, porque entiendo que los médicos y las enfermeras están para ayudarme a mejorar; te amo, me amo, porque acepto la enfermedad como una etapa de mi existencia; te amo, universo, porque deseas verme feliz de estar vivo.

Enseguida recita: «lo siento, perdóname, gracias, te amo» para terminar y en silencio.

Acepta que
el cuerpo es
un mensajero
del alma

HO'OPONOPONO

Fórmula de sabiduría

17

ENTREVISTA DE TRABAJO

Sé que la vida **me sostiene**

- **Lo siento** por el miedo que me causa esta entrevista de trabajo.

- **Perdóname** por creer que mi existencia depende de ella.

- **Gracias** por borrar esta memoria de dependencia y de miedo a lo desconocido.

- **Te amo**, me amo, porque la vida apoya cualquiera que sea el resultado de la entrevista; te amo, me amo, porque tengo muchas capacidades para mostrar; te amo, universo, porque me acompañas con amor; te amo, universo, porque confías en mí y porque sabes qué es lo mejor para mí.

Enseguida recita: «lo siento, perdóname, gracias, te amo» para terminar y en silencio.

Sé que
la vida
me sostiene

HO'OPONOPONO

Fórmula de sabiduría

18

EXAMEN

Realízate más allá
de tus miedos

- **Lo siento** por el miedo que me causa este examen final.
- **Perdóname** por haber elegido el miedo al éxito y el miedo al fracaso.
- **Gracias** por poner fin a esas creencias que limitan mis proyectos.
- **Te amo**, me amo, porque soy el director de mi vida; te amo, me amo, porque todos los días creo mi futuro, haciendo mi mejor esfuerzo; te amo, me amo, porque tengo todas las capacidades; te amo, universo, porque me ofreces las posibilidades para realizarme.

Enseguida recita: «lo siento, perdóname, gracias, te amo» para terminar y en silencio.

Realízate
más allá
de tus
miedos

HO'OPONOPONO

Fórmula de sabiduría 19

FAMILIA

Aprende a hacer limpieza a diario **para aclarar tu camino**

Cambia la palabra hijo por el miembro de la familia que corresponda: esposo/a, padre, madre, hermano/a...

- **Lo siento** por caer en la súplica y la ira.
- **Perdóname** por haber querido controlar a mi hijo a causa de estas emociones negativas.
- **Gracias** por hacer surgir esta memoria de controlar mi entorno.
- **Te amo**, me amo, porque hago mi mejor esfuerzo por mi familia; te amo, hijo, porque haces tu mejor esfuerzo por tu familia; te amo, universo, porque nos reuniste en esta familia con la intención de cumplir con nuestra misión de vida.

Enseguida recita: «lo siento, perdóname, gracias, te amo» para terminar y en silencio.

Aprende a hacer limpieza a diario para aclarar tu camino

HO'OPONOPONO

Fórmula de sabiduría

20

FAMILIA (continuación)

Aprende a hacer limpieza a diario
para aclarar tu camino

- **Lo siento** por exigir a los demás que se comporten como yo.
- **Perdóname** por tener la creencia de que soy un ejemplo a seguir.
- **Gracias** por reconocer el juego del ego para liberarme de él.
- **Te amo**, me amo, porque aprendo a soltar las expectativas; te amo, al Otro, porque reflejas mis creencias para eliminarlas; te amo, universo, por tu poder de transformación interior.

Enseguida recita: «lo siento, perdóname, gracias, te amo» para terminar y en silencio.

Aprende a hacer limpieza a diario para aclarar tu camino

HO'OPONOPONO

Fórmula de sabiduría

21

IMPACIENCIA

Conserva **la calma**

- **Lo siento** por pedir respuestas sin cesar y por no tolerar la espera.
- **Perdóname** por conservar esta memoria de carencia de reconocimiento y de amor.
- **Gracias** por permitirme eliminar esta impaciencia y estas carencias.
- **Te amo**, me amo, porque ya dispongo de todo ese amor; te amo, me amo, porque tengo confianza en el futuro; te amo, universo, porque me das exactamente lo que necesito en el momento adecuado; te amo, universo, porque te permito reconfortarme.

Enseguida recita: «lo siento, perdóname, gracias, te amo» para terminar y en silencio.

Conserva
la
calma

HO'OPONOPONO

Fórmula de sabiduría

22

MENTE

Reconoce el juego
del ego

- **Lo siento** por haberme puesto delante del ego y sus desviaciones.
- **Perdóname** por haber hecho caso a las manipulaciones del ego y haberlas conservado.
- **Gracias** por haberme empujado a esas redes para ayudarme a encontrar mi poder interior.
- **Te amo**, me amo, porque hice de esta experiencia una búsqueda interior rica en descubrimientos; te amo, universo, porque me permitiste encontrarme.

Enseguida recita: «lo siento, perdóname, gracias, te amo» para terminar y en silencio.

Reconoce
el juego
del ego

HO'OPONOPONO

Fórmula de sabiduría

23

MUDANZA

Me maravilla
lo desconocido

- **Lo siento** por tener miedo a esta mudanza.
- **Perdóname** por negarme a este cambio de vida.
- **Gracias** por despertar mi miedo a lo desconocido.
- **Te amo**, me amo, porque tengo la capacidad para abrirme a esta oportunidad; te amo, me amo, porque acepto este desafío; te amo, me amo, porque abandono el pasado para construir un futuro radiante; te amo, universo, porque me guías con toda seguridad.

Enseguida recita: «lo siento, perdóname, gracias, te amo» para terminar y en silencio.

Me
maravilla lo
desconocido

HO'OPONOPONO

Fórmula de sabiduría

24

MUERTE

Vive **aquí y ahora**

- **Lo siento** por tener miedo a hablar de la muerte; esa desconocida.
- **Perdóname** por conservar esta creencia de que mi cuerpo es inmortal.
- **Gracias** por recordarme que el final de mi existencia es una etapa... para mi alma.
- **Te amo**, me amo, porque soy feliz de estar vivo; te amo, muerte, porque das a las almas la libertad eterna; te amo, universo, porque eres ese compañero que me guiará después de mi paso por esta Tierra.

Enseguida recita: «lo siento, perdóname, gracias, te amo» para terminar y en silencio.

Vive
aquí y
ahora

Fórmula de sabiduría

25

MUERTE (continuación)

Vive **aquí y ahora**

- **Lo siento** por estar enojado con la muerte.
- **Perdóname** por haber ocultado la obviedad de que mis seres queridos están de paso por aquí.
- **Gracias** por recordarme la importancia de amar a las personas aquí y ahora.
- **Te amo**, me amo, por haber olvidado decirles que los amo; te amo, seres queridos, porque son mis compañeros en esta existencia; te amo, por esta experiencia que me hace vivir la muerte y que me permite entrar al amor gracias al instante presente; gracias, universo, porque estás aquí eternamente.

Enseguida recita: «lo siento, perdóname, gracias, te amo» para terminar y en silencio.

Vive aquí y ahora

Fórmula de sabiduría

26

SEPARACIÓN

Aprende a amar **y ser amado**

- **Lo siento** por haber provocado este divorcio y esta separación.

- **Perdóname** por haber conservado esta memoria que juzga y condena mis relaciones con el Otro.

- **Gracias** por permitirme eliminar esta desvalorización de la pareja y de la relación con el Otro.

- **Te amo**, me amo, porque aprendo a amar; te amo, al Otro, porque permites mi aprendizaje del amor; te amo, universo, porque sabes que cuento con la capacidad de amar y ser amado.

Enseguida recita: «lo siento, perdóname, gracias, te amo» para terminar y en silencio.

Aprende a
amar y
ser amado

Fórmula de sabiduría

27

SEPARACIÓN (continuación)

Aprende a amar **y ser amado**

- **Lo siento** por conservar esta sensación de haber fracasado en mi vida.

- **Perdóname** por haber conservado esta imagen de «fracaso» en mi vida y de mí mismo.

- **Gracias** por borrar estas memorias negativas para encontrar mi brillo interior.

- **Te amo**, me amo, porque merezco la alegría; te amo, me amo, porque poseo en mi interior la felicidad y la risa; te amo, universo, porque me enseñas a conocer mi interior.

Enseguida recita: «lo siento, perdóname, gracias, te amo» para terminar y en silencio.

Aprende a
amar y
ser amado

HO'OPONOPONO

Fórmula de sabiduría

28

SOBREPESO

Demuestra tus capacidades

- **Lo siento** por tener sobrepeso y seguir engordando.
- **Perdóname** por tener la necesidad de protegerme del mundo con esta barrera corporal.
- **Gracias** por despertar esta memoria de inseguridad y de miedo de no tener mi lugar.
- **Te amo**, me amo, porque cuento con todo el espacio necesario para existir aquí; te amo, me amo, porque estoy consciente de que la vida me sostiene a cada instante y me da seguridad; te amo, universo, porque usas mi cuerpo para ayudarme a encontrar mis capacidades interiores; te amo, universo, porque pones a mi disposición una energía infinita que pide brotar a través de mí.

Enseguida recita: «lo siento, perdóname, gracias, te amo» para terminar y en silencio.

Demuestra
tus
capacidades

Fórmula de sabiduría

29

HO'OPONOPONO

VECINDARIO

Despierta al mundo que te rodea

- **Lo siento** por haber elegido este ambiente ruidoso.

- **Perdóname** por conservar esta memoria de agresiones sonoras.

- **Gracias** por permitirme salir de mi inconsciencia debido a estas molestias.

- **Te amo**, me amo, porque me permití aletargar mi existencia; te amo, me amo, porque despierto al mundo que me rodea; te amo, universo, porque me pides que esté atento a los demás y a mi poder interior.

Enseguida recita: «lo siento, perdóname, gracias, te amo» para terminar y en silencio.

Despierta al
mundo que
te rodea

Fórmula de sabiduría

30

VERGÜENZA

Siempre sé tú mismo

- **Lo siento** por sentir vergüenza por lo que soy.
- **Perdóname** por haber conservado esta memoria de culpa hacia mis acciones.
- **Gracias** por haber despertado esa creencia que me limita en la vida.
- **Te amo**, me amo, porque tengo el valor de eliminar esa vergüenza; te amo, me amo, porque me atrevo a mostrarme tal como lo ha deseado el universo; te amo, me amo, porque el amor está a mi disposición en cada instante de la vida. Te amo.

Enseguida recita: «lo siento, perdóname, gracias, te amo» para terminar y en silencio.

Siempre
sé tú
mismo

CONCLUSIÓN

Ho'oponopono es al mismo tiempo el arte de vivir y el arte de sanar. Permite que cicatricen las heridas del mundo, haciendo limpieza primero en uno mismo.

El Otro es el mensajero que transporta los hechos que hacen surgir nuestras creencias. Son estas las que han forjado los límites de tu existencia, no el Otro. La resistencia a esta verdad causa un dolor insoportable. Para liberarte de ese sufrimiento, debes dejar fuera al ego y sus temores. Hay palabras que sanan los dolores. Brindan más que esperanza, abren la puerta del corazón y dejan entrar la paz.

Esta aventura que comencé con Ho'oponopono, me llevó más lejos de lo que pude imaginar.

Hay magia en este mundo, hoy la reconozco. La vida es un viaje fantástico, eran mis angustias y mis creencias las que, hasta entonces, me habían impedido verlo.

De eliminación en eliminación, también me di cuenta de que la única persona que podía salvarme de todas las crisis era yo misma.

Tengo en mí el coraje y la determinación **para vivir la felicidad**

Mi familia, mis relaciones y la sociedad que me rodean son el reflejo de lo que veo en mí. Entonces, entre más elimino mis memorias negativas, más comprendo quién soy y más encuentro mis verdaderas capacidades. Accedo a todo el universo de alegría y de amor que existe en esta Tierra.

Deseo que hagas
este increíble viaje interior

Adopta la sabiduría hawaiana del Ho'oponopono; aférrate al arcoíris de la paz; cruza el puente que te conduce a la verdad invisible del corazón. Es un camino con muchos colores, que atravesó el océano más armonioso del planeta, ese al que llamamos Pacífico.

Descubre los tesoros inexplorados que residen en tu interior,
recibe la abundancia del amor.
Gracias, te amo.

YO SOY EL CREADOR

Coincido con los corazones
que sufren a causa de tantos temores.
Miro esas almas
que se pierden en las desgracias.
Sé que en esa desesperanza
se encuentra la llave
para salir de la oscuridad.
El otro se convierte en mi espejo,
que me ayuda a verme
tal como soy y sin protegerme.

La humildad es obligatoria
cuando mis miedos
aparecen en mi memoria.
Ya no juzgo al que llora,
Yo soy el otro y sus errores.

Cuando tranquilizo mi corazón
me convierto en el procurador
de su sanación.
Cuando escucho mi alma
ya estoy en calma.
Sé que en alguna parte se halla
el remedio a la pesadilla.
Es un vasto territorio

donde un océano infinito
de conocimientos
vibra de alegría y también de esperanza.

La voluntad tiene el honor
de entrar al palacio de la felicidad.
Yo tengo la llave que abre mi corazón,
soy el carcelero del poder interior.

Abro la puerta a la tranquilidad
y a la calma
que surgen para aliviar el dolor.
No espera más que mi buena voluntad
para recuperar, por fin, el poder.
Entonces, murmuro en la oscuridad:
«Lo siento... por exigirte,
perdóname... por mi indiferencia,
gracias... por aceptar mi historia,
te amo... por todas mis memorias».

La paz se vuelve más que un resplandor,
es mi faro interior.
Yo soy la luz, yo soy el creador
de mi vida y de su sabor.

Nathalie Bodin

PARA MÁS INFORMACIÓN

La trayectoria de Nathalie Bodin en el mundo de la energía le ha permitido aprender las técnicas de médicos filipinos, así como otros métodos para el cuidado de la energía.

Se especializó en Feng Shui y ha profundizado sus conocimientos en sicogenealogía y en el idioma de las aves.

En los últimos años, Nathalie Bodin se ha interesado en métodos sicoenergéticos como la TLE (Técnica de Liberación Emocional) y Ho'oponopono.

Este último descubrimiento la llevó a compartir sus conocimientos a través de libros y de cursos.

Nathalie Bodin también es coautora de *El gran libro de Ho'oponopono* y autora de *Vive con Ho'oponopono*.

Su sitio web: www.vivreavechooponopono.com